oniso

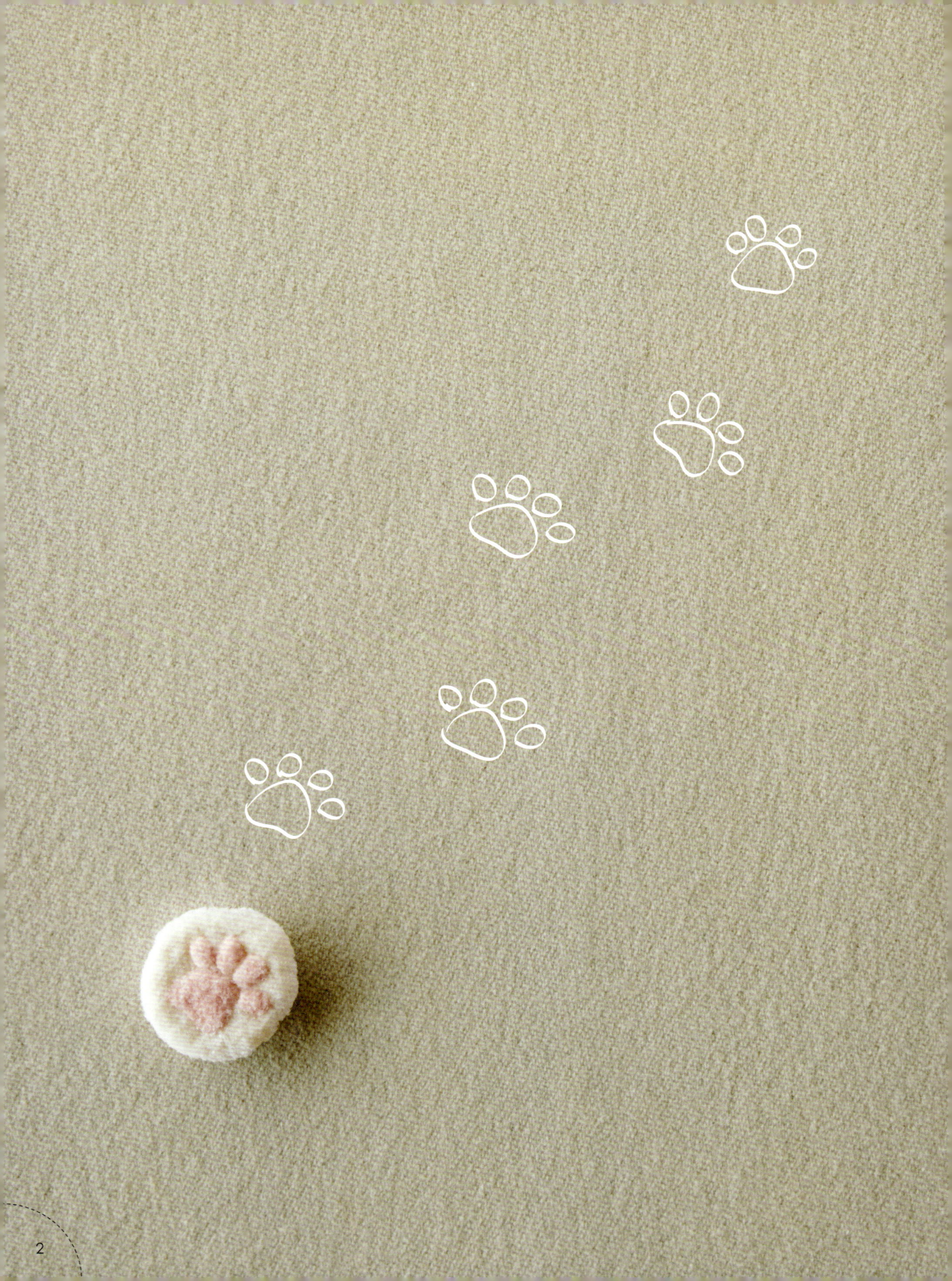

はじめに

ハンドメイドは、一針 一針 自分の手で作りあげる
トキメキがあります。
物を作る過程そのものにも価値があり、
作り手にも使い手にも温かいつながりを感じさせてくれます。
「ふわふわ」「もこもこ」
手に取るたびに心がホッとする。
いつでも一緒にいてくれる。

刺しゅう、パンチニードル、フェルトなど…
色んな手芸を楽しめる一冊です。

この本を開くとき、皆さんが同じ手芸部の一員として、
ものづくりを楽しみながら心安らぐひとときに
なりますように…

oniso

Contents

はじめに ……………… P.3

くまさん詰め合わせ ……………… P.6〜7
トートバッグ／ネームタグ／スマホケース／キーホルダー／
がま口ポーチ

おなまえ　いろいろ ……………… P.8〜15
ネームタグ／名札／お名前キーホルダー・プレート／
イニシャルキーホルダー・ワッペン

アニマルキーカバー ……………… P.16
キーカバー

バードミラー＆ベアーフォトキーホルダー
……………… P.17
ミラーキーホルダー／フォトキーホルダー

花らんまん ……………… P.18〜19
キーホルダー／コースター

ふわふわスマホケース ……………… P.20
スマホケース

肉球グリップ ……………… P.21
スマホグリップ

ちらっとくまさん ……………… P.22
ピアス・イヤリング

お花のヘアピン ……………… P.23
ヘアピン

ふわふわおもちゃ ……………… P.24〜25
フェルトのおもちゃ

くまさんこんにちは ……………… P.26
ブローチ／ポーチ

もこもこアニマル ……………… P.27〜31
巾着／タブレットケース／バッグ／オムツポーチ／ポーチ

もこもこ毛糸 ……………… P.32〜33
ポーチ

ちいさなトキメキ ……………… P.34〜35
ティッシュケース／ポーチ

SPRING ………… P.36	道具と材料 ………… P.42〜43
ミサンガ	ウサギモチーフ（P.8／F）のつくり方
SUMMER ………… P.37	………… P.44〜46
クリアポーチ	クマモチーフの作り方（P.28／e）の
AUTUMN ………… P.38	つくり方 ………… P.47〜48
壁飾り	この本に出てくるステッチ ………… P.49〜50
WINTER ………… P.39	図案の写し方 ………… P.50
年賀状	図案とつくり方 ………… P.51〜79
イヌ・ネコいろいろ ………… P.40〜41	
キーホルダー	

＊この本に関するご質問は、お電話またはWEBで
書名／いつでも一緒　ふわもこ手芸部
本のコード／NV70807
担当／西津美緒
Tel.03-3383-0634（平日13：00〜17：00受付）
WEBサイト／「手づくりタウン」https://www.tezukuritown.com/
※サイト内「お問い合わせ」からお入りください（終日受付）

本書に掲載の作品を複製して販売（店頭・Web・イベント・バザー・個人間取引など）、有料レッスンでの使用を含め、金銭の授受が発生する一切の行為を禁止しています。個人で手づくりを楽しむためにのみご利用ください。

くまさん詰め合わせ

トートバッグに、キーケースやがまロ、スマホなど、たくさんのくまさんを詰め込んで。

▶つくり方 … P.52〜55

※トートバック本体は既製品を使用しています。

C スマホケース
D キーホルダー
E がま口ポーチ

おなまえ いろいろ

キーホルダーや名札に動物をしのばせて、今日も楽しい1日が過ごせますように……。

▶ つくり方 … P.56

f
ネームタグ

▶ つくり方 … P.56〜57

G 名札

H お名前キーホルダー

おなまえ いろいろ

▶つくり方 … P.57〜58

I
ネームタグ

▶ つくり方 … P.58

J
お名前プレート

11

おなまえ いろいろ

▶つくり方 … P.59

ネームタグ

▶ つくり方 … P.59

L
ネームタグ

おなまえ いろいろ

▶ つくり方 … P.60〜62

m
イニシャル
キーホルダー

▶ つくり方 … P.61〜62

ｎ
イニシャル
キーホルダー

ｏ
イニシャル
ワッペン

アニマルキーカバー

1日の始まりの一歩もかわいい動物たちと一緒に。

▶ つくり方 … P.63

キーカバー

バードミラー＆
ベアーフォトキーホルダー

身だしなみチェックや思い出の写真も動物と。

▶ つくり方 … P.63〜64

Q ミラーキーホルダー

R フォトキーホルダー

花らんまん

たくさんのお花に囲まれて、
1日を乗り切りましょう。

▶つくり方 … P.64〜65

S 鉢植えのキーホルダー

T お花のキーホルダー

▶ つくり方 … P.66

お花の
コースター

お花の
キーホルダー

19

ふわふわスマホケース

スマホケースもふわふわに。
いつでもふわふわが楽しめます。

▶ つくり方 … P.67

スマホケース

肉球グリップ

こっそり顔をのぞかせるのは……ねこさん。
ねこがスマホに足跡を残してくれました。

▶ つくり方 … P.68

スマホグリップ

ちらっとくまさん

ピアスやイヤリングをつければ、いつでもくまさんと一緒。さりげなく見えるくまさんがたまらなくかわいい。

▶ つくり方 … P.68

y
ピアス・イヤリング

お花のヘアピン

花がヘアピンに大変身！ キュートなヘアピンは、お子さまにもぴったり。

▶ つくり方 … P.68

ヘアピン

23

ふわふわおもちゃ

フェルトの中にたくさんの綿を詰めたら、おままごとに大活躍のかわいいおもちゃに変身!

▶ つくり方 … P.69

a
フェルトのおもちゃ
(ドーナツ)

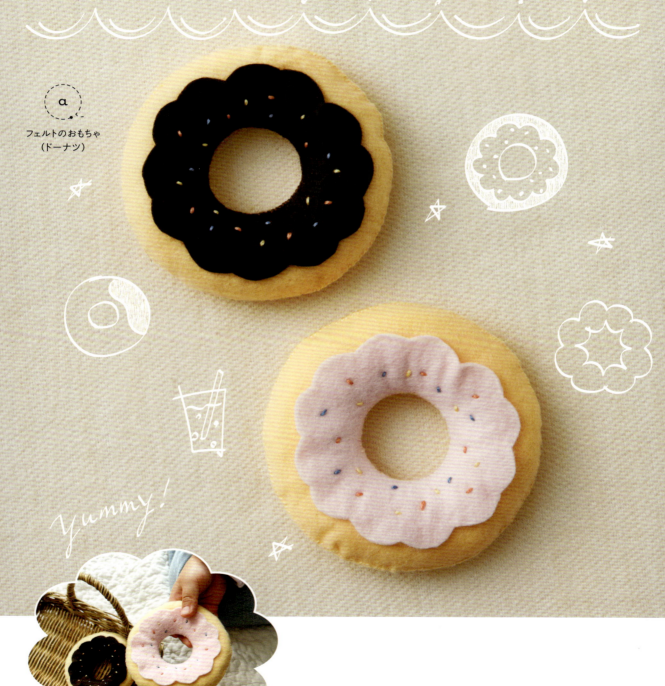

▶ つくり方 … P.69〜70

b
フェルトのおもちゃ
（お弁当）

くまさんこんにちは

ポーチの中からくまさんが登場。洋服を着せてもかわいさ抜群。

▶ つくり方 … P.71

c
ブローチ&
ポーチ

もこもこアニマル

あれもこれも、もこもこの動物たちのポーチに大変身！
好きなものに縫ったり、貼ったりすれば、いつでも動物たちと一緒です。

▶ つくり方 … P.71

d
くまさん巾着

※巾着本体は既製品を使用しています。

27

もこもこアニマル

▶ e～gのつくり方 … P.72

e
タブレットケース

f バッグ

g オムツポーチ

※e〜gの本体は既製品を使用しています。

もこもこアニマル

▶h・iのつくり方 … P.73〜74

h
巾着ポーチ

i
正方形ポーチ

31

もこもこ毛糸

毛糸をネットに通して、ポーチに。
もこもこの毛糸を選ぶのがポイントです。

▶ つくり方 … P.75

j
リボンポーチ

▶ つくり方 … P.75

k
ハートポーチ

ちいさなトキメキ

ワンポイント刺しゅうで簡単にティッシュケースやポーチがあなたのオリジナルに。

▶ l〜nのつくり方 … P.76

l
ティッシュ
ケース

34

m
ワッペンポーチ
（四角）

n
ワッペンポーチ
（だ円）

※l〜nの本体は既製品を使用しています。

SUMMER

夏といえば、やっぱりアイスクリーム。
涼しげなクリアポーチとも相性抜群です。

▶ つくり方 … P.77

※クリアポーチ本体は既製品を使用しています。

AUTUMN

くまさんやうさぎさんと一緒に
ハッピーハロウィン!!

▶ つくり方 … P.78

q
ハロウィンの
壁飾り

WINTER

今年1年の感謝をくまさんたちに込めて。

▶ つくり方 … P.78

r
年賀状

イヌ・ネコいろいろ

自由気ままなイヌ・ネコたちがキーホルダーに
大変身!

▶s・tのつくり方 … P.79

イヌの
キーホルダー

t
ネコの
キーホルダー

道具と材料

刺しゅうの道具　用具提供／クロバー株式会社

1. **水性チャコペン（紫）** ／ 図案や型紙を写したり、線を描いたりする時に使います。自然に消えるタイプを使用します。

2. **糸切りハサミ** ／ フェルトや糸を切る時に使います。刃先が細く切れ味の良いものがおすすめです。

3. **刺しゅう針** ／「フランス刺しゅう針」を使います。図案や糸の本数によって針を使い分けましょう。

4. **フリーステッチングニードル** ／ フリーステッチングに使用します。針先は「6本取」に換えてください。

5. **フリーステッチングフープ** ／ フリーステッチングに使用します。布に図案を写したあとで、図案がゆがまないように張りましょう。スミルナステッチなどの刺しゅうには一般的な刺しゅう枠を使います。

6. **フリーステッチングスタンド** ／ フリーステッチングフープを机に置いたままステッチを刺すことができます。なくてもステッチできますが、あると便利です。

7. **パンチニードル** ／ 毛糸を使った作品（パンチニードルステッチ）に使用します。この本の作品は針先の長さを3.5cmにして作っています。

8. **パンチニードル用ボンド** ／ パンチニードルがほどけないよう、裏面に塗って糸を固定します。スミルナステッチやフリーステッチングの裏面にも使います。

9. **パンチニードル用フープ** ／ パンチニードルステッチで使う刺しゅう枠です。図案がゆがまないように張りましょう。

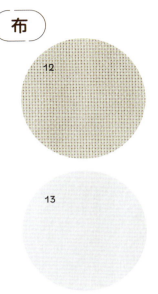

- 10. **毛糸** ／ パンチニードルをする時に使います。
- 11. **刺しゅう糸** ／ この本では、「COSMO25番刺しゅう糸」を使用しています。ラベルの数字は色番号を示しています。フリーステッチングでは糸をたくさん使用します。例えばeの作品（クマ）には茶色の糸を4束使用しました。少し多めに用意しましょう。
  ※COSMOは、株式会社ルシアンの登録商標です。

- 12. **パンチニードル用ファブリック** ／ パンチニードルは、この布が刺しやすくおすすめです。
- 13. **フェルト** ／ 刺しゅうの土台として使用します。フェルトに直接刺しゅうをするので、厚め（約1mm）のフェルトがおすすめです。

その他の道具と材料

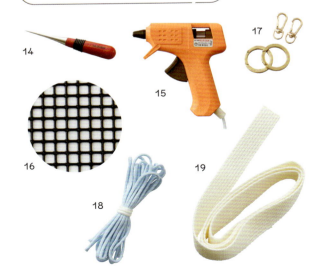

- 14. **目打ち** ／ 図案に動物の目の穴を開けるときなどに使います。
- 15. **グルーガン** ／ 文字のベースを作ったり、刺しゅうしたモチーフをクリアポーチにつけるときなどに使用します。
- 16. **ネット** ／ j、k（P.32〜33）のポーチに使います。作品には、ハマナカの「あみあみファインネット」を使用しています。園芸用の鉢底ネットでも代用可能です。
- 17. **金具** ／ ナスカンやキーリングなど、お好きな金具を使用してください。
- 18. **カラーひも** ／ S、T（P.18）のキーホルダーに使います。
- 19. **カバンテープ** ／ 名札などに使います。

ウサギモチーフ（P.8／チ）のつくり方　▶図案 … P.56

小さなふわもこモチーフは、スミルナステッチでつくります。
ここでは、スミルナステッチの刺し方を紹介します。

① 輪郭を刺す

1. フェルトに型紙を写し、図案が中央に来るように刺しゅう枠にはめる。

2. 刺しゅう糸2本どりで、ウサギの輪郭に沿ってバックステッチをする。
※刺し始めは玉どめをする。

3. 輪郭が曲線なので、間隔が空かないように1〜2mmの針目で細かく刺す。

② 顔のパーツを刺す

4. 1周したら、裏に渡った糸に針を数回通して糸を切る。

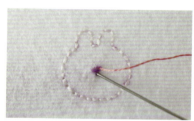
5. 刺しゅう糸1本どりで、鼻を上から下に向かってサテンステッチをする。

6. 外側から内側に向かって刺す。

7. 鼻を埋め終えたら、裏に渡った糸に針を数回通して糸を切る。

8. 図案を見ながら、もしくは、目打ちなどで図案に穴を空け、口と目に印をつける。

9. 口は刺しゅう糸1本どりで、サテンステッチをする。

10. 鼻の逆三角形の頂点から上に向かってサテンステッチで刺す。

11. 鼻の横まで刺し終わったら、残りの部分を上から下に向かってサテンステッチで刺す。

12. 刺し終えたら、裏に渡った糸に針を数回通して糸を切る。

13. 目の色の刺しゅう糸3本どりで、玉結びをし、口の裏面に糸を絡める。

14. 目の左寄りに針を出す。

15. 針に糸を1回巻いて、14で出した穴のすぐ隣に針を刺し、フレンチノットステッチをする。

16. 糸を引き締め、糸を引いたまま、針を裏面に引き抜く。

17. 同じように、右目もフレンチノットステッチをする。右目の刺し始めは、右寄りにするのがおすすめ。

18. 糸は、鼻や口の裏に渡った糸に針を数回通して糸を切る。

③ 顔を刺す

19. 刺しゅう糸3本どりでスミルナステッチを刺す。バックステッチのすぐ上に端から2〜3mm空けて表から針を入れる。糸は表に7〜10mm残す。

20. バックステッチの内側の際に、19から2〜3mm空けて針を出す。

21. 19のすぐ左に針を入れる。

22. 19と20の中心から針を出す。

23. 糸のループを残して、2mm左に針を入れる。

24. 21と同じ穴から針を出す。

45

ウサギモチーフ（P.8／チ）のつくり方

25. 22のすぐ左に針を入れ、半針戻って針を出す。

26. 20〜25を1段埋まるまで繰り返す。

27. 1段目が刺し終わったら、左から右に向かって2段目もスミルナステッチをする。

28. 鼻や口は避けてステッチをする。

29. 耳も片方ずつ埋めるようにステッチをする。

30. 顔全体のスミルナステッチができたら、裏糸に数回通して糸を切る。ループをすべてハサミで切る。

31. 刺しゅう糸を短く刈り込む。目や鼻、口の周辺は、表情が見えるようにより短く刈り込む。

32. 立体感が出るように、毛並みを整える。長いところで約5mm、短いところは約2mmにしてドーム状にする。

33. 刺しゅうをしたフェルトを輪郭から2〜3mm残してカットする。

④ 縁の始末

34. 巻きがかり用の刺しゅう糸2本どりを針に通し、糸の端を裏糸に絡める。

35. フェルトの縁を巻きかがる。すき間が空かないよう、細かくかがる。

36. 巻きかがりが1周できたら、完成。

クマモチーフ（P.28／e）のつくり方　▶図案 … P.72

大きめのふわもこモチーフは、フリーステッチングでつくります。ここでは、フリーステッチングの方法を紹介します。
フリーステッチングは布の裏側から刺すと、表側にループができます。作品は図案と反転した状態に仕上がります。

1．布の裏に図案を写し、図案が中央になるようにフープにはめる。

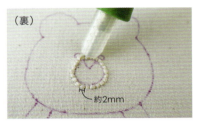

2．刺しゅう糸6本どりで、ニードルの目盛りを「3」にして、口の周りを1周刺す。針は真上に引き上げ、すぐ隣に刺し進める。

3．目を避けて、2周目を刺す。

4．目の周りを1周刺す。

5．口と目の周りを刺し終えたら、糸を際で切る。

6．刺しゅう糸6本どりで、ニードルの目盛りを「3」にし、顔の輪郭を1周刺す。

7．1周刺し終えたら、中面をぐるっと輪郭に沿って、埋めていくように刺す。

8．刺し終えたら、糸を際で切る。

9．体も輪郭を刺し、中に向かって埋めていくように刺す。

10．布を表面に返し、ハサミでループを切る。

11．刺しゅう糸を短く刈り込む。目や鼻、口の周辺は、表情が見えるようにより短く刈り込む。

12．立体感が出るように、毛並みを整える。長いところは約1cm、短いところは約2mmにして高低差をつける。

クマモチーフ（P.28／e）のつくり方

13. 布を裏面に返し、腕を刺す。

14. 布を表面に返し、ハサミでループを切り、毛並みを整える。

15. 裏側からニードルの目盛りを「4」にして足裏と口を指す。

16. 布を表面に返し、ハサミでループを切り、毛並みを整える。顔よりも口が盛り上がるように整える。

17. 鼻の色の刺しゅう糸2本どりで、裏糸に数回、糸を絡めて裏面から表面に向かって鼻の端に針を出す。

18. 布を表面に返し、上から下に向かってサテンステッチをし、鼻を完成させる。糸は、裏糸に数回絡めて、始末する。

19. 目の色の刺しゅう糸6本どりで、裏糸に数回糸を絡めてから、糸を表面に出し、針に糸を2回巻いて、目の部分にフレンチノットステッチをする。

20. 刺しゅう糸1本どりで、あらかじめ作っておいたリボンを首の部分に縫いとめる。

21. 糸が抜けないようにボンドで裏面を固め、乾くまで待つ。

22. 刺しゅうをした布を輪郭から5〜10mm残してカットする。残した部分がのり代になる。

23. のり代に約5mm間隔で細かく切り込みを入れる。

24. のり代を裏側に折り込み、グルーガンや接着剤で1周とめたら完成。

この本に出てくるステッチ

この本では、主にフェルトに刺しゅうをしています。
フェルトの場合、薄手の布のようにすくえないので、1針ごとに抜きながら刺し進めます。

ストレートステッチ

バックステッチ

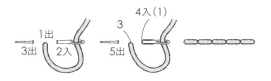

フレンチノットステッチ

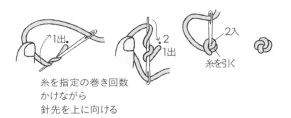

糸を指定の巻き回数
かけながら
針先を上に向ける

サテンステッチ

ステッチの方向を
決めるため
幅の広いところから
刺し始めると
刺しやすい

先端まで刺したら
裏糸の中を通し
残り半分の
刺し始めに出す

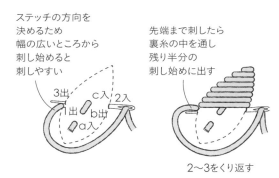

2〜3をくり返す

●サテンステッチをふっくらと刺したいときは

芯入りサテンS

バックSで芯を刺した上に
サテンSを刺す

ブランケットステッチ

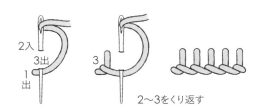

2〜3をくり返す

上向きに
刺す場合

49

巻きかがり

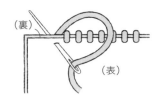

スミルナステッチ

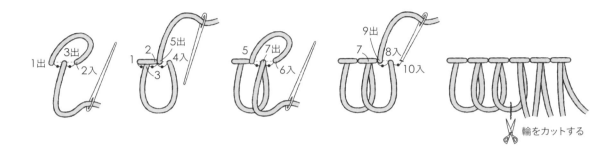

糸の始末

線のステッチ　　　　面のステッチ

🌸 図案の写し方

フェルトの場合、複写紙で図案を布に写すことができないため、図案をカットして、布に描きます。

1. 図案をトレーシングペーパーに写し取るか、コピーします。
　※ダウンロード用PDF図案もご活用ください。

2. 輪郭線に沿って、ハサミでカットします。鼻の部分も切り抜いておきます。目は、目打ちなどで穴を開けます。

3. フェルトに型紙を載せ、輪郭線を水性チャコペンでなぞります。

4. 鼻や目にも印を入れます。模様などの細かい部分は、刺しゅうを進めながら、印をつけます。

50

How to make
図案とつくり方

図案の見方と注意点

- この本の作品には、COSMO25番刺しゅう糸を使用しています。
- Sはステッチ、フリステはフリーステッチングの略です。
  （　）の中の数字は、糸の本数を表します。
- フリーステッチングの糸番号の横に書かれている○の中の数字は、フリーステッチングニードルの目盛りです。フリーステッチングはすべて6本どりで刺します。
- つくり方イラストで特に指定のない数字の単位はcmです。
- 特に指定のないフェルトの色は白です。
- 図案は、図柄の部分だけ写してください。
- 作品タイトルの横にある二次元バーコードから動画でもつくり方を確認できます。

図案ダウンロード

図案ダウンロードURL
https://www.tezukuritown.com/nv/c/cnv70807/

- 上記のURLもしくは二次元バーコードからこの本で紹介した図案をダウンロードできます。
- A4の用紙に原寸大（実際のサイズ）で印刷し、お使いください。
- 印刷時に拡大・縮小されないよう、印刷設定は「実際のサイズ」を設定してください。

A Tote bag
トートバッグ … P.6

{ 刺しゅう糸 }
COSMO25番刺しゅう糸
307、600、2500、4311

{ その他の材料と道具 }
フェルト　15×15cm以上
好きな大きさのトートバッグ（既製品）
グルーガン
つまようじ

{ つくり方 }　※P.44〜46も併せてご参照ください。
① フェルトにクマモチーフを刺しゅうする。
② 輪郭から2〜3mm残してフェルトをカットし、縁を巻きかがる。
③ 裏にボンドをつけ、トートバッグにモチーフを貼り、刺しゅう糸1本どりでまつる。
④「bear 🐾」の文字をトートバッグに写してグルーガンでなぞり、つまようじで形を整える。
⑤ サテンsでグルーが見えなくなるように覆う。

B Name tag
ネームタグ … P.6

{ 刺しゅう糸 }
COSMO25番刺しゅう糸
307、600、2500、4311

{ その他の材料 }
布①　20×20cm以上
フェルト　15×15cm以上
リボン　5cm
キーリング・Dカンつきナスカン（内径3cm）
各1個
布②・キルト綿　各6×30cm

{ つくり方 }　※P.47〜48も併せてご参照ください。
① 布①にクマモチーフをフリーステッチングでつくる。
② モチーフから1cm空けて、布をカットする。
③ のり代に細かく切り込みを入れ、裏面に折り込み、ボンドでとめる。
④ モチーフの裏に二つ折りにしたリボンを貼り、モチーフの裏面全体にボンドを塗る。
⑤ ④をフェルトに貼りつけ、乾燥させた後、モチーフの形に合わせてフェルトをカットする。
⑥ キーリングをリボンに通す。
⑦ {仕立て方}を参照してネームタグをつくり、Dカンをキーリングにつける。

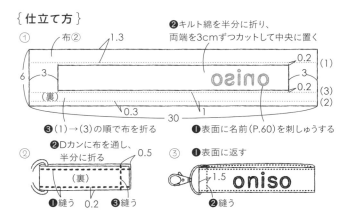

{ 仕立て方 }

Smartphone case
スマホケース … P.7

{ 刺しゅう糸 }
COSMO25番刺しゅう糸
110、600、2500、4311

{ その他の材料と道具 }
フェルト　15×15cm以上
リボン　15cm
布・フェルト　各25×25cm以上
スマホケース（ハード）　1個
接着剤

{ つくり方 }　※P.44〜46も併せてご参照ください。
① フェルトにクマモチーフを刺しゅうする。
② 輪郭から2〜3mm残してフェルトをカットし、縁を巻きかがり、裏にボンドをつけて固める。
③ リボンを蝶々結びに結ぶ。
④ スマホケースの大きさに合わせて、布をカットする。
⑤ クマとリボンを④の好みの位置にまつって固定する。
⑥ フェルトを④と同じ大きさにカットし、刺しゅう糸4本どり（110）で縁にブランケットsをする。
⑦ 接着剤をフェルトの裏に塗りスマホケースに貼る。

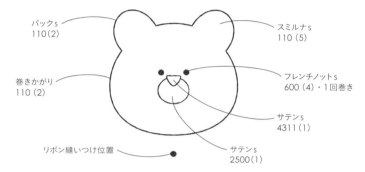

Keyring
キーホルダー … P.7

{ 刺しゅう糸 }
COSMO25番刺しゅう糸
305、2500

{ その他の材料 }
デニム生地　15×15cm以上
フェルト（水色）　10×10cm
布・フェルト　各20×20cm以上
キーリング　1個
リボン　5cm
さし目3mm　2個
さし鼻4.5mm　1個
直径5mmボタン　2個

{ つくり方 }　※P.47〜48も併せてご参照ください。
① Tシャツの形に水色のフェルトを切る。
② サロペットの形にフェルトを切り、フェルトよりも少し大きめにデニム生地を切る。デニム生地とフェルトを重ね、デニム生地の余分を折り返してフェルトに貼る。
③ Tシャツ・サロペットの順に乗せ、Tシャツごとボタンを縫う。
④ 布に図案を写し、クマをフリーステッチングする。顔を刺した後、服を貼り、手足を刺す。輪郭から1cm残して布をカットする。のり代に細かく切り込みを入れ、裏面に折り込み、ボンドでとめる。裏用のフェルトも同じ形にカットする。
⑤ 目と鼻のパーツをつける。
⑥ クマの頭の中央（裏）に二つ折りにしたリボンを貼る。
⑦ モチーフの裏面全体にボンドを塗り、④でカットしたフェルトを貼る。
⑧ キーリングをリボンの輪に通す。

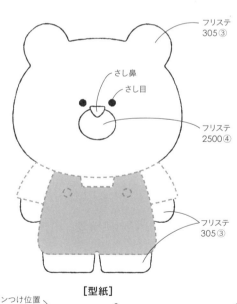

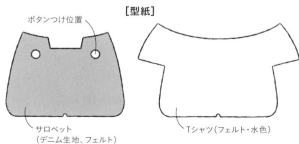

Purse がま口ポーチ … P.7

{ 刺しゅう糸 }
COSMO25番刺しゅう糸
600、2500、4311

{ その他の材料 }
ソフトボア生地（白）　15×15cm以上
フェルト（厚地）　10×10cm
表布・裏布・接着芯　15×30cm以上
わた
紙ひも　30cm
がま口金（12cm）　1個

{ つくり方 }
① ソフトボア生地の裏面に顔の図案を写し、表と裏を見ながら刺しゅうをする。
② 刺しゅう周りのボア生地の毛足を短くカットする。
③ フェルトを顔の輪郭の大きさにカットする。
④ 刺しゅうしたボア生地を顔の輪郭から1cm大きくカットする。
⑤ ボア生地とフェルトの間に綿を入れ、ボア生地の縁を1周なみ縫いをし、糸を引っ張り、周囲をとじる。
⑥ 粗裁ちしたボア生地を中表に半分に折り、耳や手足の型紙を写す。
⑦ ⑥で写した線の通りになみ縫いで2枚を縫い合わせる。（点線部分は縫わない）
⑧ ⑦の縫い目の3mm外側で周りをカットし、ボア生地が表になるように返す。
⑨ 仕立て方に従って、ポーチをつくる。

[型紙]

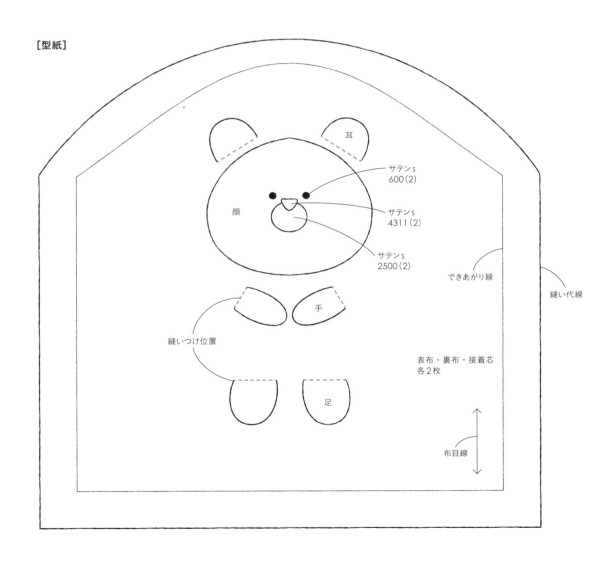

{ 仕立て方 }

① {つくり方}を参照して、クマ刺しゅうモチーフをつくる

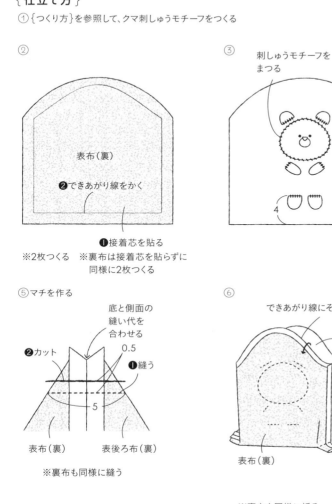

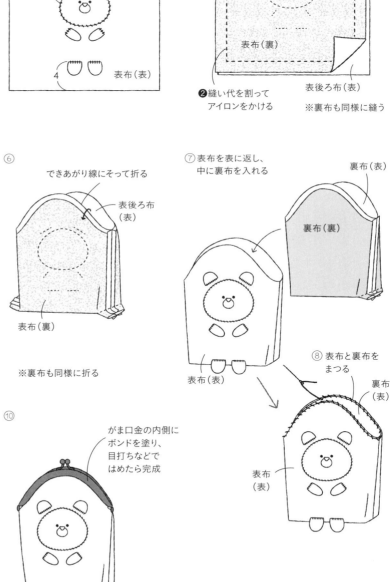

f ネームタグ … P.8

{ 刺しゅう糸 }
COSMO25番刺しゅう糸
(ヒヨコ) 100、140、143、600、4311
(サル) 100、306、600、1000、4311
(ウサギ) 100、110、342、600、2500
(ヒツジ) 100、600、1000
(恐竜) 100、318、600、681
(ゴリラ) 100、600、713、2154

{ その他の材料 (1点分) }
フェルト　15×15cm以上
カバンテープ
　幅3×8cm
リボン　5cm
キーリング　1個

{ つくり方 }　※P.44～46も併せてご参照ください。
① フェルトにモチーフを刺しゅうする。
② 輪郭から2～3mm残してフェルトをカットし、縁を巻きかがる。
③ ②の裏にボンドをつけ、カバンテープにモチーフを貼り、刺しゅう糸1本どりでまつる。
④ 名前（P.60）をカバンテープに刺しゅうする。
⑤ カバンテープを半分に折り、間に、二つ折りにしたリボンを挟み、縁をなみ縫いする。
⑥ キーリングをリボンの輪に通す。

[ヒヨコ]
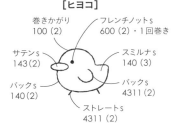
巻きかがり 100 (2)
フレンチノットs 600 (2)・1回巻き
サテンs 143 (2)
スミルナs 140 (3)
バックs 140 (2)
バックs 4311 (2)
ストレートs 4311 (2)

[サル]
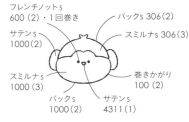
フレンチノットs 600 (2)・1回巻き
バックs 306 (2)
サテンs 1000 (2)
スミルナs 306 (3)
スミルナs 1000 (3)
バックs 1000 (2)
サテンs 4311 (1)
巻きかがり 100 (2)

[ウサギ]
フレンチノットs 600 (2)・1回巻き
バックs 110 (2)
スミルナs 110 (3)
サテンs 342 (1)
巻きかがり 100 (2)
サテンs 2500 (1)

[ヒツジ]
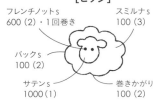
フレンチノットs 600 (2)・1回巻き
スミルナs 100 (3)
バックs 100 (2)
サテンs 1000 (1)
巻きかがり 100 (2)

[恐竜]

フレンチノットs 600 (2)・1回巻き
サテンs 318 (2)
バックs 100 (2)
巻きかがり 100 (2)
バックs 681 (2)
スミルナs 681 (3)

[ゴリラ]
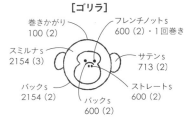
巻きかがり 100 (2)
フレンチノットs 600 (2)・1回巻き
スミルナs 2154 (3)
サテンs 713 (2)
バックs 2154 (2)
バックs 600 (2)
ストレートs 600 (2)

g 名札 … P.9

{ 刺しゅう糸 }
COSMO25番刺しゅう糸
(イヌ) 110、306、600、4311
(クマ) 600、1000、2500、4311
(ウサギ) 110、342、600、2500

{ その他の材料 (1点分) }
フェルト15×15cm以上
好きな色のフェルト　10×10cm以上
リボン　5cm
プラスチック板　2×4cm
安全ピン　1個

{ つくり方 }　※P.44～46も併せてご参照ください。
① フェルトにモチーフを刺しゅうする。
② 輪郭から2～3mm残してフェルトをカットし、縁を巻きかがる。
③ 好きな色のフェルトに名札の型紙を写し、同じサイズのものを2枚カットする。
④ フェルト1枚だけ窓の部分を開け、ボンドでプラスチック板を貼る。
⑤ 窓がある方のフェルトに、モチーフを刺しゅう糸1本どりでまつる。
⑥ 窓が開いていない方のフェルトの上から1cmくらいのところに、紙を入れられるよう4cmの切り込みを入れ、切り込みの縁を巻きかがる。
⑦ 2枚のフェルトの間に、二つ折りにしたリボンを挟み、縁をブランケットsでかがる。
⑧ 安全ピンをリボンに通す。

[イヌ]
スミルナs 306 (3)
バックs 306 (2)
フレンチノットs 600 (3)・1回巻き
バックs 110 (2)
サテンs 4311 (1)
巻きかがり 110 (2)
スミルナs 110 (3)

[クマ]
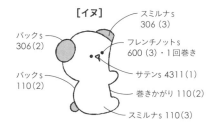
フレンチノットs 600 (3)・1回巻き
サテンs 4311 (1)
バックs 1000 (2)
サテンs 2500 (1)
巻きかがり 1000 (2)
スミルナs 1000 (3)

[ウサギ]
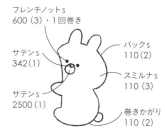
フレンチノットs 600 (3)・1回巻き
サテンs 342 (1)
バックs 110 (2)
スミルナs 110 (3)
サテンs 2500 (1)
巻きかがり 110 (2)

[G名札型紙]

 Name keyring
お名前キーホルダー … P.9

{ 刺しゅう糸 }
COSMO25番刺しゅう糸
(星) 140
(クマ) 600、1000、2500、
　　　4311
(花) 100、141

{ その他の材料 (1点分) }
フェルト　15×15cm以上
布　　　　10×10cm以上
リボン　　5cm
キーリング　1個

{ つくり方 } ※P.44～46も併せてご参照ください。
① フェルトにモチーフを刺しゅうする。
② 輪郭から2～3mm残してフェルトをカットし、縁を巻きかがる。
③ 表布に型紙を写し、名前(P.60)を刺しゅうする。
④ 表布にモチーフを刺しゅう糸1本どりでまつる。
⑤ 表布、裏布、フェルトを同じ大きさにカットする。
⑥ 表布、フェルト、二つ折りにしたリボン、裏布の順番で重ね、縁を巻きかがる。

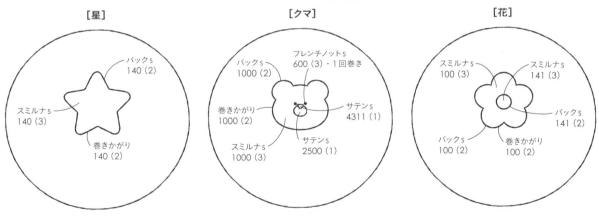

 Name tag
ネームタグ … P.10

{ 刺しゅう糸 }
COSMO25番刺しゅう糸
(パンダ) 100、151、600、
　　　　2500
(ネコ) 100、101、351、
　　　600、1000、2154
(ヒヨコ) 140、143、600

{ その他の材料 (1点分) }
布①　　　20×20cm以上
布②　　　6×30cm
フェルト　15×15cm以上
キルト綿　6×30cm
リボン　　5cm
キーリング・Dカンつきナスカン
(内径3cm) 各1個

{ つくり方 } ※P.47～48も併せてご参照ください。
① 布①にフリーステッチングでモチーフをつくる。
② 輪郭から1cm残して布①をカットする。のり代に細かく切り込みを入れ、裏面に折り込みボンドでとめる。フェルトも同じ形にカットする。
③ 刺しゅうした布、二つ折りにしたリボン、フェルトの順で重ね合わせ、ボンドで貼る。
④ キーリングをリボンの輪に通す。
⑤ 布②に名前を刺しゅうする(P.60)。
⑥ 布②に半分に折ったキルト綿を挟み、縁を縫う。
⑦ 布②をDカンに通し、輪にする。
⑧ モチーフの金具に名前の金具をつける。

※お名前部分のつくり方(⑤～⑦)はP.52⑧{仕立て方}をご確認ください。
　布②の長さは名前の長さに合わせてお好みで調整してください。

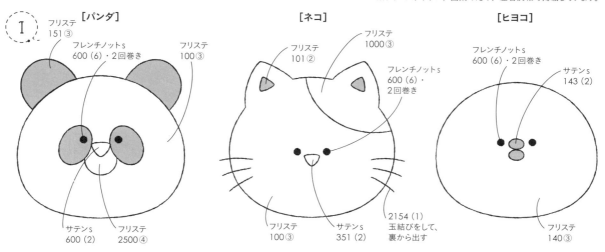

J. Name plate お名前プレート … P.11

{ 刺しゅう糸 }
COSMO25番刺しゅう糸
（クマ）100、307、600、2500、4311
（ウサギ）100、110、342、600、2500、4311
（パンダ）100、151、600、2500

{ その他の材料 }
フェルト　15×15cm以上
好きな色のフェルト
10×10cm以上
革　10×10cm以上
リボン　5cm
ボールチェーン　1個

{ つくり方 } ※P.44〜46も併せてご参照ください。
① 名前部分の型紙を好きな色のフェルトに写し、カットする。
② ①の縁にのみボンドを塗り、土台のフェルトに貼り、名前（P.60）を刺しゅうする。
③ 土台のフェルトにモチーフを刺しゅうする。
④ ③の周りを2〜3mm残して、カットする。
⑤ 裏面にもう一枚フェルトを貼り、④の形にカットして縁を巻きかがる。革も同じ形にカットする。
⑥ 刺しゅうしたフェルト、二つ折りにしたリボン、革の順で重ね、縁をブランケットS（100・1本どり）でかがる。

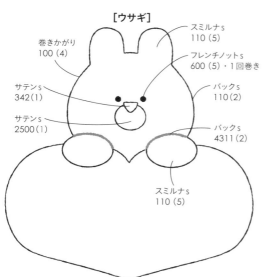

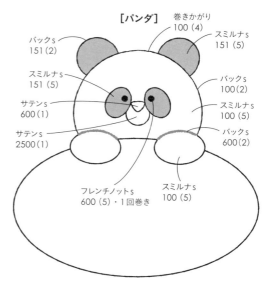

K name tag ネームタグ … P.12

{ 刺しゅう糸 }
COSMO25番刺しゅう糸
（イヌ）110、306、600、4311
（ヒヨコ）110、600、2154
（シュナウザー）100、151、600、2154

{ その他の材料 }
フェルト 15×15cm以上
カバンテープ　3×23cm
Dカンつきナスカン（内径3cm）1個

{ つくり方 } ※P.44～46も併せてご参照ください。
① フェルトにモチーフを刺しゅうする。
② 輪郭から2～3mm残してフェルトをカットし、縁を巻きかがる。
③ 名前（P.60）をカバンテープに刺しゅうする。
④ モチーフの裏にボンドをつけ、カバンテープにモチーフを貼る。
⑤ Dカンにカバンテープを通し、端が見えないように1.5cmずつ折り返し、刺しゅう糸で縫いとめる。テープの長さは名前の長さに合わせて調整する。

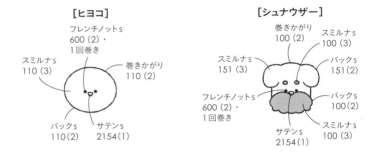

L name tag ネームタグ … P.13

{ 刺しゅう糸 }
COSMO25番刺しゅう糸
（パンダ）100、522、600、713、2500
（ウサギ）104、110、342、600、2500
（ネコ）100、142、600、1000、4311

{ その他の材料 }
フェルト① 15×15cm以上
布　10.5×26cm
フェルト② 3.5×22cm
キーリング　1個
強力両面テープ

{ つくり方 }
① モチーフをフェルト①に刺しゅうする。
② 輪郭から2～3mm残してフェルト①をカットし、縁を布に近い色で巻きかがる。
③ 布に名前（P.60）を刺しゅうする。
④ {仕立て方}を参照してネームタグをつくる。

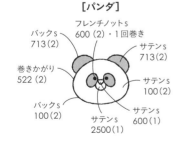
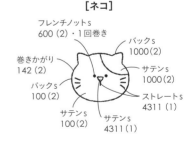

{ 仕立て方 }

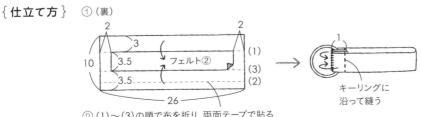

② (1)～(3)の順で布を折り、両面テープで貼る

※お好きな色の刺しゅう糸をお使いください。　※バックsで下縫いをし、バックsをくるむようにサテンsを刺します。

F
あいうえお　かきくけこ　さしすせそ　たちつてと
H
なにぬねの　はひふへほ　まみむめも　やゆよ
らりるれろ　わをん　バックs(2)
　　　　　　　　　サテンs(2)

B バックs(4)
abcdefghijklmn
I サテンs(3)
K
opqrstuvwxyz

J サテンs(3)　バックs(6)
あいうえお　かきくけこ
さしすせそ　たちつてと
なにぬねの　はひふへほ
まみむめも　やゆよ
らりるれろ　わをん

L バックs(2)
ABCDEFGHIJKLMN
サテンs(3)
OPQRSTUVWXYZ

M *Initial keyring*
イニシャルキーホルダー … P.14

{ 刺しゅう糸 }
COSMO25番刺しゅう糸
（ウサギ）100、110、342、
　　　　　600、2500
（クマ）100、600、1000、
　　　　2500、4311
（イヌ）100、110、306、
　　　　600、4311

{ その他の材料（1点分）}
フェルト①　15×15cm以上
布　15×15cm以上
フェルト②③
各10×10cm以上
革　15×15cm以上
リボン　5cm
キーリング　1個
ひも　20cm
ウッドビーズ　5個

{ つくり方 }　※P.44〜46も併せてご参照ください。
① フェルト①にモチーフを刺しゅうし、輪郭から2〜3mm残してフェルトをカットし、縁を巻きかがる。
② 布を好きなイニシャル（P.62）の形にカットする。
③ ②のイニシャルをフェルト②に貼り、その上にモチーフを貼り、モチーフをイニシャルに縫いつける。余分なフェルトをカットする。フェルト③に貼って余分をカットし、イニシャルの周囲を刺しゅう糸4本どり（100）で巻きかがる。
④ 二つ折りにしたリボンを挟み、③を革に貼る。ボンドが乾いたら余分な革をカットして周囲をブランケットsでかがる。
⑤ キーリングをリボンに通す。
⑥ キーリングにひもを結び、ウッドビーズを通してひも端を結ぶ。

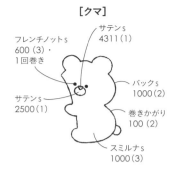
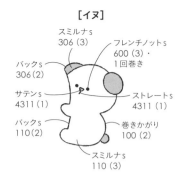

Initial keyring・Initial patch
イニシャルキーホルダー・イニシャルワッペン … P.15

{ 刺しゅう糸 }
COSMO25番刺しゅう糸
（ウサギ）110、342、600、
　　　　　2500、4311
（イヌ）110、307、600、4311
（クマ）600、1000、2500、4311
（パンダ）100、151、600、2500
（ネコ）100、351、600、1000
（コアラ）151、600、2154

{ その他の材料（1点分）}
フェルト　15×15cm以上
（キーホルダー）
革　15×15cm以上
リボン　3cm
キーホルダー金具　1個

{ つくり方 }　※P.44～46も併せてご参照ください。
① フェルトに動物の図案を写す。
② モチーフの手足に重なるようにアルファベット（P.62）を写す。
③ アルファベット、動物の順番で刺しゅうをする。
（キーホルダーのつくり方）
④ 動物は2～3mm、イニシャルは5mm残して、フェルトをカットする。
⑤ ④と同じ形にフェルトをもう一枚カットし、重ね合わせ、縁を刺しゅう糸4本どり（100）で巻きかがる。
⑥ ⑤と同じ形に革をカットし、モチーフ、二つ折りにしたリボン、革の順で重ね、縁をブランケットS（2500・1本どり）でかがる。
⑦ リボンにキーホルダー金具を通す。
（ワッペンのつくり方）
④ 動物は2～3mm、イニシャルは5mm残して、フェルトをカットし、刺しゅう糸4本どり（100）で縁を巻きかがる。

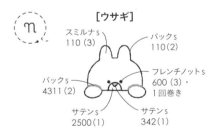
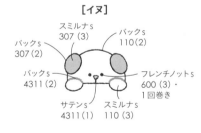
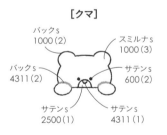
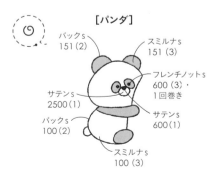

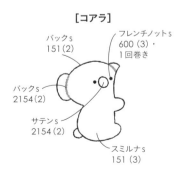

※お好きな色の刺しゅう糸をお使いください。

P キーカバー … P.16

{ 刺しゅう糸 }
COSMO25番刺しゅう糸
(ブタ) 101、351、600、4311
(コアラ) 151、600、2154
(ヒヨコ) 140、143、600

{ その他の材料（1点分）}
フェルト　15×15cm以上
フェルト（ピンク／グレー／黄色）
15×15cm以上
ナスカン　1個

{ つくり方 }　※P.44〜46も併せてご参照ください。
① フェルトに図案を写し、刺しゅうをする。
② 輪郭から2〜3mm残してフェルトをカットし、縁を巻きかがる。この時、頭の中心を縫うときに、ナスカンも糸に通し、一緒にかがる。
③ ②と同じサイズに色つきのフェルトをカットする。
④ 刺しゅう、カギ、色つきフェルトの順になるように重ね、ブランケットsで縁をかがる。

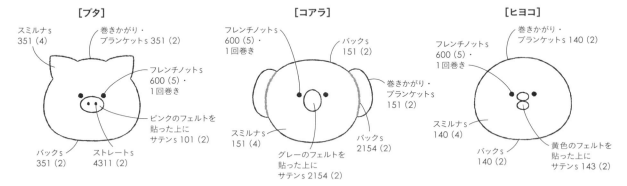

Q ミラーキーホルダー … P.17

{ 刺しゅう糸 }
COSMO25番刺しゅう糸
(オカメインコ)
140、142、600、4311
(シマエナガ) 100、600

{ その他の材料（1点分）}
布　20×20cm以上
フェルト　15×15cm以上
フェルト（ピンク／グレー）
5×5cm
ミラー　直径4.5cm
リボン　5cm
キーリング　1個

{ つくり方 }　※P.47〜48も併せてご参照ください。
① 布にフリーステッチでモチーフを刺す。裏はフリーステッチ用ボンドで固めておく。
② くちばしや翼の形にフェルトをカットし、貼る。
③ 輪郭から1cm残して布をカットし、周囲に切り込みを入れる。鏡を入れる部分もカットする。
④ 鏡を入れる部分ののり代を裏側に折り返して貼り、グルーガンで鏡を貼る。周囲ののり代を折り返してグルーガンで貼る。
⑤ ④の裏にフェルトをグルーガンで貼り、余分なフェルトをカットする。
⑥ リボンを二つ折りにしてグルーガンで端をとめ、⑤の裏に貼る。⑤と同様にもう1枚フェルトを貼ってカットする。
⑦ リボンにキーリングを通す。

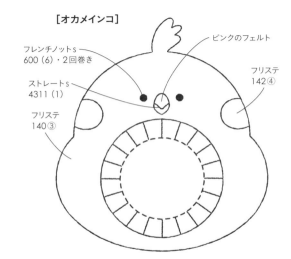

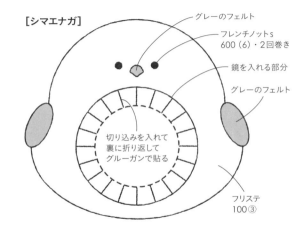

R Photo keyring
フォトキーホルダー … P.17

{ 刺しゅう糸 }
COSMO25番刺しゅう糸
600、2310

{ その他の材料 }
布　20×20cm 以上
フェルト　15×15cm 以上
リボン　20cm
軟質プラスチック　6×9cm
ボールチェーン　1本

{ つくり方 }　※P.47〜48も併せてご参照ください。
① 布に図案を写し、フリーステッチングで刺す。ループはカットせず、裏はフリーステッチング用ボンドで固める。
② 輪郭から1cm残して布をカットする。写真を入れる部分もカットする。
③ のり代に細かく切り込みを入れて、裏側に折り込み、ボンドでとめる。
④ ボンドでプラスチックを穴の部分に貼る。
⑤ 写真を入れ、5cmにカットしたリボンを二つ折りにしてクマの頭の上に貼る。
⑥ ③と同じ大きさにフェルトをカットし、裏側に貼る。
⑦ リボンにボールチェーンを通す。

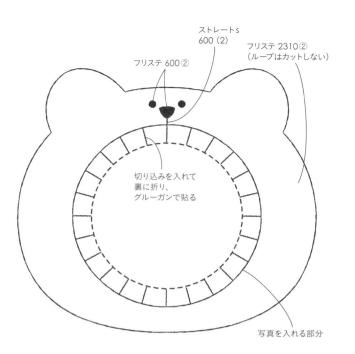

ストレートs 600 (2)
フリステ 600 ②
フリステ 2310 ②（ループはカットしない）
切り込みを入れて裏に折り、グルーガンで貼る
写真を入れる部分

S Flower keyring
鉢植えのキーホルダー … P.18

{ 材料（1点分）}
カラーひも
花びら（赤／白／水色／ピンク）60cm
花の中心（黄色／白）60cm
葉っぱ（白／緑／黄色）60cm
鉢植え（茶色／ピンク／白）30cm
ナスカン　1個

花びら｜花の中心｜葉っぱ｜鉢植え

{ つくり方 }

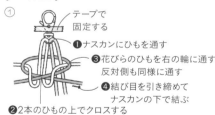

① テープで固定する
❶ ナスカンにひもを通す
❷ 2本のひもの上でクロスする
❸ 花びらのひもを右の輪に通す　反対側も同様に通す
❹ 結び目を引き締めてナスカンの下で結ぶ

② 上からクロス

③ 下からクロス

④ ❶①②③をもう一度くり返す
❷ 2回くぐらせる

⑤ ❶ 引き絞り、形を整える
❷ それぞれをたるまないように引き締め、花の形を整える

⑥ 引っ張りすぎない
ひと結びし、左右逆にしてくり返す

⑦ 2回目の結び目を引き締めて、葉っぱの形を整える

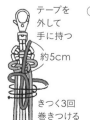

⑧ テープを外して手に持つ
約5cm
きつく3回巻きつける

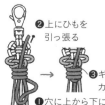
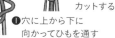

⑨ ❷ 上にひもを引っ張る
❸ ギリギリでカットする
❶ 穴に上から下に向かってひもを通す

⑩ ハサミで余分な部分をカット

⑪ ひもの端をボンドで固めたら完成

Flower keyring
お花のキーホルダー … P.18

{ 材料 }
カラーひも
（花が3個）
花びら（白）　120cm
花の中心（黄色）　70cm
軸（ピンク）　70cm

（花が8個）
花びら（白）　240cm
花の中心（黄色）　140cm
軸（水色）　170cm

{ その他の材料 (1点分) }
ナスカン　1個
（花が3個）
細めのひも　60cm

{ つくり方 }

[花が3個]

① テープで固定する / ❶ナスカンにひもを通す / ❷引っ張る

② 引っ張る

③ 上からクロス

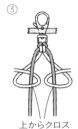

④ 下からクロス

⑤ 引っ張る　※2回目以降は⑨の手順になる

⑥ ③④をもう一度くり返す

⑦ それぞれ、たるまないように引っ張る

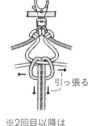
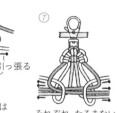

⑧ ③④をもう一度くり返す

⑨ 引っ張る

⑩ ⑥⑦をもう一度くり返す / 上からクロス

テープをとる

⑪ ⑧〜⑩をくり返し、花を3つつくる

⑫ 細いひもを花のつけ根に巻いてリボン結びし、長さを調整してひもをカットしたら完成

[花が8個]

① テープで固定する / ❶ナスカンにひもを通す / ❷引っ張る

② 2cmくらいあけ、テープを巻く

③ [花が3個]の③〜⑦と同じように花をつくる

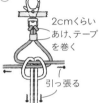

④ 引っ張る

⑤ 引っ張る

⑥

⑦ ③〜⑥をくり返し、花を8個つくる

⑧ ❶外側に花が見えるように輪にする / ❷2cm残し、ひもをすべてナスカンの中に通す / ❸②で巻いたテープをとる / ❹糸端を下に折る / 2cm残す

⑨ 軸の1本 / ❶すべてのひもを引き締めるように上から下に向かって巻きつける / ❷輪の中にひもを通す / ❸ひもを上に引っ張る

⑩ ハサミで余分な部分をカットする

⑪ ひもの端をボンドで固定したら完成

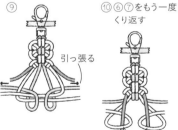

Flower coaster
お花のコースター … P.19

※パンチニードル図案のため、左右反転で掲載しています。

{ 材料 }
ハマナカ　ピッコロ（毛糸）
2、40、42、47、48

{ その他の材料 }
パンチニードル用ファブリック
（布でも代用可能）15×20cm以上
フェルト　15×15cm以上

{ つくり方 }　※P.47～48も併せてご参照ください。
① パンチニードル用ファブリックに図案を写す。
② パンチニードルで刺す。
③ 輪郭から1cm離してパンチニードル用ファブリックをカットする。
④ ③ののり代に細かく切り込みを入れ、裏側に折り、ボンドでとめる。
⑤ ④と同じ形にフェルトをカットし、裏側に貼る。

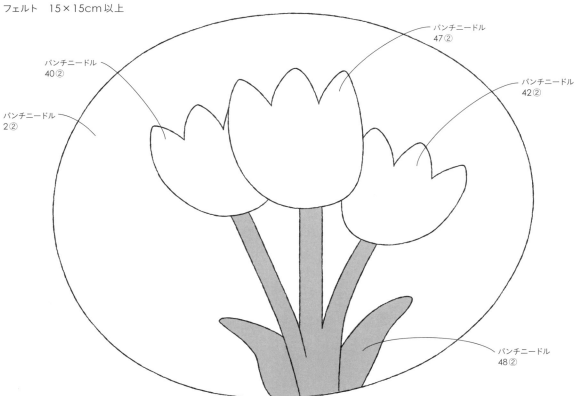

Flower keyring
お花のキーホルダー … P.19

※パンチニードル図案のため、左右反転で掲載しています。

{ 材料 }
ハマナカ　ピッコロ（毛糸）
2、25

{ その他の材料（1点分）}
パンチニードル用ファブリック
（布でも代用可能）
15×15cm以上
フェルト　15×15cm以上
リボン　5cm
キーリング　1個

{ つくり方 }　※P.47～48も併せてご参照ください。
① パンチニードル用ファブリックに図案を写す。
② パンチニードルで刺す。
③ 輪郭から1cm離してパンチニードル用ファブリックをカットする。
④ ③ののり代に細かく切り込みを入れ、裏側に折り、ボンドでとめる。
⑤ ④と同じ形にフェルトをカットする。
⑥ お花の刺しゅう、二つ折りにしたリボン、フェルトの順に重ね、ボンドで貼る。
⑦ リボンにキーリングを通す。

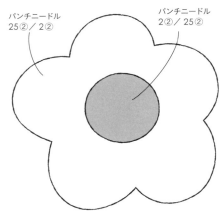

Smartphone case
スマホケース … P.20

※パンチニードル図案のため、左右反転で掲載しています。

{ 刺しゅう糸 }

（花）
なないろ彩色（毛糸） 2501、2571

（ハート）
なないろ彩色（毛糸）
2513、2531（中細）、2532（中細）

{ その他の材料（1点分）}

パンチニードル用ファブリック
（布でも代用可能） 20×20cm以上
フェルト 20×20cm以上
ミラーシール 1枚
スマートフォンケース（透明） 1個

{ つくり方 } ※P.47〜48も併せてご参照ください。

① パンチニードル用ファブリックに図案を写す。
② パンチニードルで刺す。
③ モチーフから1cm離してパンチニードル用ファブリックをカットする。（このとき、ハートは、内側の部分もカットする）
④ ③ののり代に細かく切り込みを入れ、裏側に折り込んでボンドで貼る。
⑤ フェルトをケースと同じ大きさにカットし、刺しゅうの裏側に貼る。

（花）
⑥ ケースに⑤を貼る。

（ハート）
⑥ ケースにボンドでミラーシールを貼る。
⑦ ケースに⑤を貼る。

※ ケースは、お使いのスマートフォンの大きさに合わせてください。

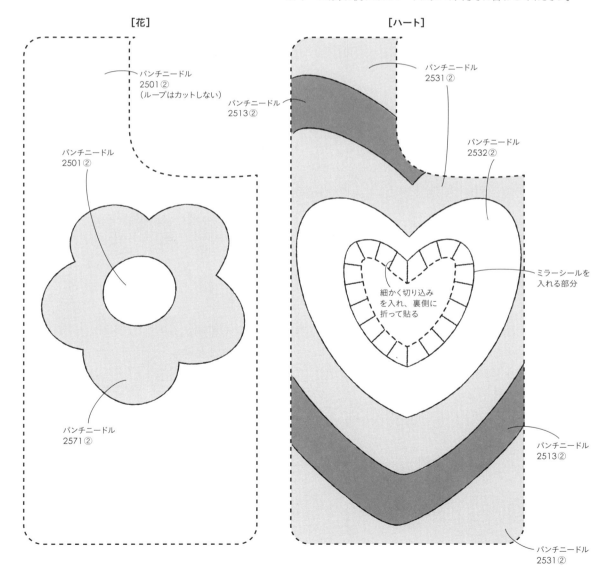

Smartphone grip
スマホグリップ … P.21

{ 刺しゅう糸 }
COSMO25番刺しゅう糸
110、351、2310

{ その他の材料（1点分）}
布　20×20cm 以上
スマホグリップ　1個
フェルト　10×10cm 以上

{ つくり方 }　※P.47〜48も併せてご参照ください。
① 布に図案を写し、フリーステッチングで刺す。
② モチーフから1cm残して布をカットする。のり代に細かく切り込みを入れ、裏面に折り込み、ボンドでとめる。
③ 裏面に同じサイズのフェルトを貼る。
④ スマホグリップに貼る。

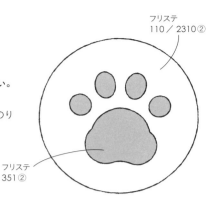

Earrings
ピアス・イアリング … P.22

{ 刺しゅう糸 }
COSMO25番刺しゅう糸
307、600、2500、4311

{ その他の材料（1点分）}
フェルト　15×15cm 以上
革（キャッチピアスの場合）
5cm×5cm
ヒートン　4個または2個
ピアスorイアリング金具　1組
お好きなビーズ・ピンなど　適宜

{ つくり方 }　※P.44〜46も併せてご参照ください。
① 図案をフェルトに写し、2個モチーフを刺しゅうする。
② お好みで輪郭の周りにビーズを縫いつけ、ビーズに沿ってカットする。ビーズなしの場合は輪郭から2〜3mmあけてカットする。
③ モチーフと同じ大きさにフェルトをカットし、モチーフ、上下にヒートン（キャッチピアスの場合は下のみ）、フェルトの順で重ね、縁を巻きかがる。
④ 好きなビーズをピンに入れたり、リボンをマルカンでつけたりなどする。
⑤ 下のヒートンに④をつける。
⑥ フックピアスとイアリングの金具は上のヒートンにつける。
（キャッチピアスの場合）
⑥ 革の中心に穴を開け、ピアス金具を通す。
⑦ モチーフの形に革をカットし、ボンドでモチーフの裏面に貼りつける。
⑧ 縁をブランケットsでかがる。

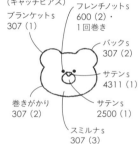

Hair clip
ヘアピン … P.23

※フリーステッチング図案のため、左右反転で掲載しています。

{ 刺しゅう糸 }
COSMO25番刺しゅう糸
105、372、700、2500

{ その他の材料（1点分）}
布　20×20cm 以上
フェルト（ピンク／水色）
15×15cm 以上
スリーピン　1個

{ つくり方 }　※P.47〜48も併せてご参照ください。
① 図案を布に写し、フリーステッチングで刺す。ループはカットしない。
② 図案から1cm離して、布をカットする。
③ ②ののり代に細かく切り込みを入れ、裏側に折り込み、ボンドで固定する。
④ ③と同じサイズにフェルトをカットする。
⑤ ④のフェルトにスリーピンを入れる切り込みを入れ、スリーピンをさす。
⑥ モチーフの裏側に⑤をボンドで貼る。

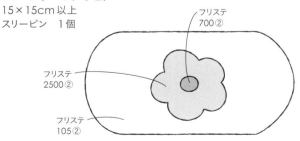

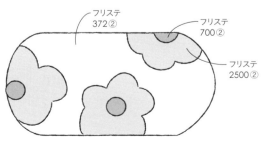

68

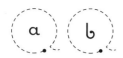

Felt toys
フェルトのおもちゃ（ドーナツ）（お弁当） … P.24〜25

{ 刺しゅう糸 }
COSMO25番刺しゅう糸
（ドーナツ）126A、214、342、351、
　　　　　700、2310
（お弁当）
- おにぎり…110、600
- ウインナー…126A、1402
- ハンバーグ…2310
- 卵焼き…297
- ブロッコリー…116

{ その他の材料 }
フェルト
（ドーナツ）薄茶色、ピンクまたは焦茶色
各20×20cm以上
（お弁当）
- おにぎり…白、黒　各10×10cm以上
- ウインナー…オレンジ　10×10cm以上
- ハンバーグ…茶色、赤　各10×10cm以上
- 卵焼き…白、黄色　各15×15cm以上
- ミニトマト…緑　5×5cm以上
- ブロッコリー…薄い緑　10×5cm以上
（共通）わた

ポンポンボール
- ミニトマト…直径2.5cm
　　　　　　赤　1個
- ブロッコリー…直径1.5cm
　　　　　　緑　4個

{ つくり方 }
（ドーナツ）
① 薄茶色のフェルトに、円形の型紙を写し、2枚同じ形にカットする。
② ピンクか焦茶色のフェルトに、右側のもこもこの型紙を写し、カットする。
③ 1枚の薄茶色のフェルトの上に、②を重ね、カラースプレーを好きなところに刺しゅうする。
④ ③の下に、もう1枚の薄茶色のフェルトを重ね、巻きかがりをしながら、わたを詰める。

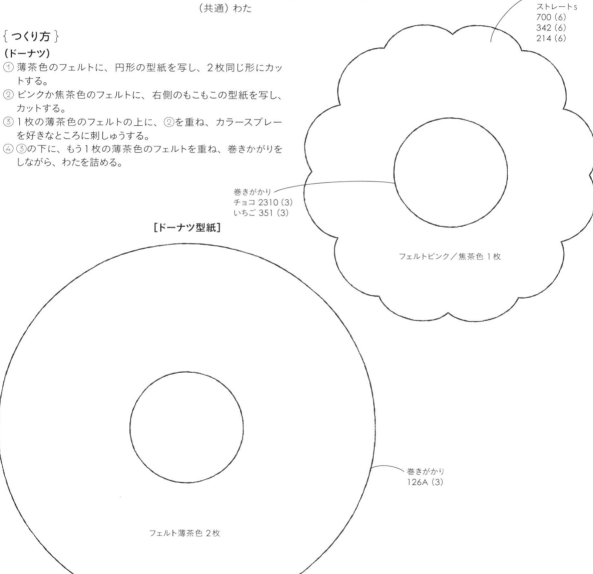

カラースプレー
ストレートs
700（6）
342（6）
214（6）

巻きがかり
チョコ 2310（3）
いちご 351（3）

フェルトピンク／焦茶色 1枚

[ドーナツ型紙]

巻きがかり
126A（3）

フェルト薄茶色 2枚

Felt toys
フェルトのおもちゃ（お弁当）… P.25

{ つくり方 }

（おにぎり）
① 白いフェルトを同じ形に2枚カットする。
② 白いフェルト1枚に顔を刺しゅうする。
③ 黒いフェルト（海苔）をカットする。
④ 白いフェルトを重ね、縁を巻きかがりながら、わたを詰める。
⑤ ④に海苔を重ね、ボンドで貼る。

（ウインナー）
① フェルトを同じ形に2枚カットする。
② 1枚に刺しゅうをする。
③ フェルトを重ね、縁を巻きかがりながら、わたを詰める。

（ハンバーグ）
① 茶色いフェルトを同じ形に2枚カットする。
② ①を重ね、縁を巻きかがりながら、わたを詰める。
③ 赤いフェルト（ケチャップ）をカットし、②を挟んで、ボンドで固定する。

（卵焼き）
① 白と黄色のフェルトを1枚ずつカットする。
② 黄色の上に白いフェルトがくるように重ね、くるくると巻く。
③ フェルトの巻き終わりを、1段内側の黄色いフェルトも巻き込むように、縁をかがる。

（ミニトマト）
① 緑のフェルトにヘタの図案を写し、カットする。
② 赤いポンポンボールに、ボンドで①をつける。

（ブロッコリー）
① フェルトに図案を写し、隙間があかないようにくるくると丸める。
② 巻き終わりを1段内側のフェルトを巻き込むように、縁をかがる。
③ ②の上に、ポンポンボールを三角形になるように3つボンドで固定する。
④ ③で固定したポンポンボールの上に、バランスを見ながら、ポンポンボールを1つ乗せて、ボンドでつける。

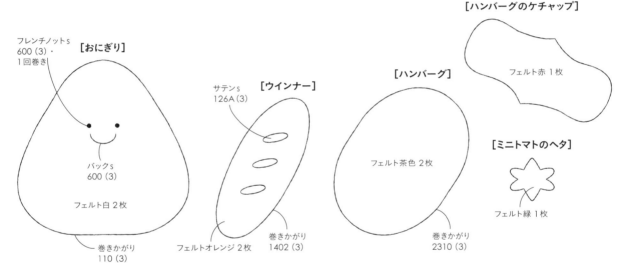

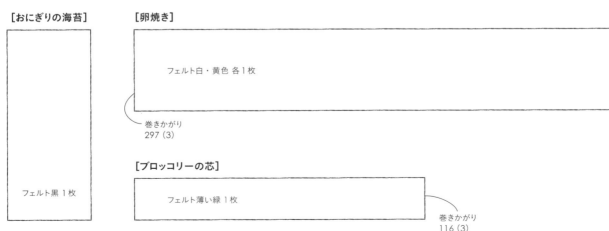

Brooch・Pouch
c ブローチ&ポーチ … P.26

{ 刺しゅう糸 }
COSMO25番刺しゅう糸
110、306、600、1000、2500、4311

{ その他の材料 (1点分) }
白いフェルト　15×15cm以上
色つきフェルト　10×10cm以上
革　15×15cm
(ブローチ)
ブローチピン　1個
(ポーチ)
布　34×34cm以上
ファスナー(14cm)　1個

{ つくり方 }　※P.44〜46も併せてご参照ください。
① 白いフェルトに図案を写す。
② 色つきのフェルトを洋服の形にカットする。白いフェルトを襟の形にカットし、洋服のフェルトに上にボンドで貼る。
③ ①の図案に重ねて②をボンドで貼る。
④ 刺しゅうをする。
⑤ 輪郭から2〜3mm空けてフェルトをカットし、縁を巻きかがる。
(ブローチの場合)
⑥ モチーフと同じ形に革をカットし、ブローチピンを革に縫って固定する。
⑦ 革をモチーフの裏に貼りつけ、縁をブランケットs (2500・1本どり) でかがる。
(ポーチの場合)
⑥ 布にモチーフを貼り、縁をまつる。
⑦ P.74 ⓘ のファスナーポーチの {仕立て方} の②以降を参考にポーチを仕立てる。

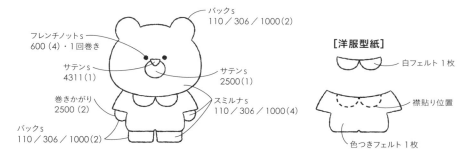

Bear purse
d くまさん巾着 … P.27

{ 刺しゅう糸 }
COSMO25番刺しゅう糸
600

{ その他の材料 }
もこもこ生地 (ファーやボア) の巾着　1個
(縦が25cm以上のもの)

{ つくり方 }
① ポーチを裏返す。
② 下から4cm以上のところでポーチの底をカットする。
③ 角に少し丸みをつけて、縫い代1cmで底を縫う。
④ 切り取った部分に耳の型紙を2個写す。布の開いている辺と耳の下の点線を合わせると良い。
⑤ 耳の点線以外の部分を縫い、縫い代を5mm程度残してカットする。
⑥ 耳を表に返し、耳の下の部分を切れ目が見えないよう、中に少し折り込み、なみ縫いでかがる。
⑦ ポーチを表に返し、ポーチに顔を刺しゅうする。
⑧ 耳を布用ボンドか糸でとめる。

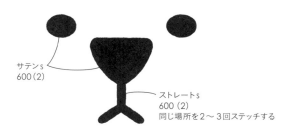

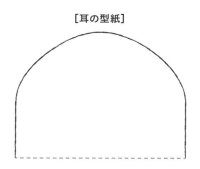

Laptop case, Bag & Pouch
タブレットケース、バッグ、オムツポーチ … P.28〜29

{ 刺しゅう糸 }
COSMO25番刺しゅう糸
（クマ）600、1000、2500、4311
（ウサギ）101、600、2500、4311
（イヌ）110、307、600、2500、4311

{ その他の材料（1点分）}
布　20×20cm以上
フェルト　15×15cm以上
リボン　幅3mm×7cm
布製のタブレットケース／
バッグ／オムツポーチ　1個

{ つくり方 }　※P.47〜48も併せてご参照ください。
① 布に図案を写し、フリーステッチングで刺す。裏面はボンドで固める。
② 蝶々結びにしたリボンを顔と体の境目に縫いつける。
③ モチーフから1cm空けて、布をカットする。
④ のり代に細かく切り込みを入れ、裏面に折り込み、ボンドでとめる。
⑤ タブレットケースなどにモチーフを縫いつける。

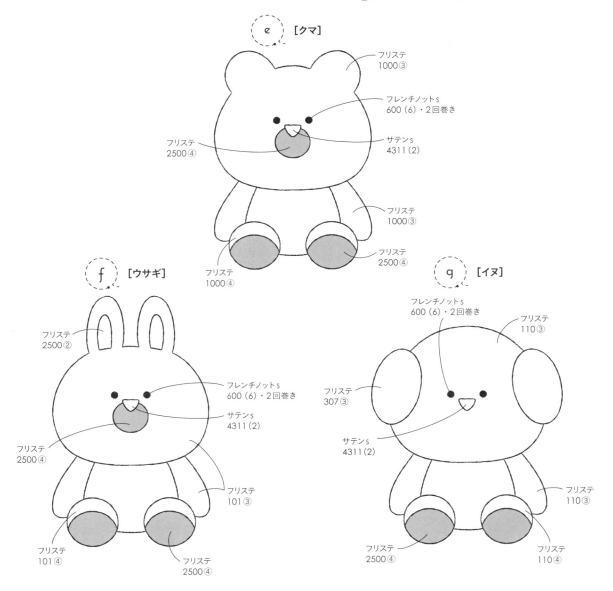

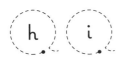

Pouch 巾着・正方形ポーチ … P.30〜31

※フリーステッチング図案のため、左右反転で掲載しています。

{ 刺しゅう糸 }
COSMO25番刺しゅう糸
（クマ）305、307、600、2500、4311
（ゾウ）520、600
（トラ）100、101、140、600、2310

{ その他の材料（1点分）}
表布・裏布
各34×17cm以上
接着芯 34×17cm
(h) リボン 40cm
(i) ファスナー（14cm） 1個
バネ口金（14cm） 1個

{ つくり方 } ※P.47〜48も併せてご参照ください。
① 布に図案を写す。
② 表布の裏面にフリーステッチングで刺す。裏面はボンドで固める。
③ ②の表側をカットし、表面にフリーステッチング以外の刺しゅうをする。
④ {仕立て方}を参照してポーチに仕立てる。

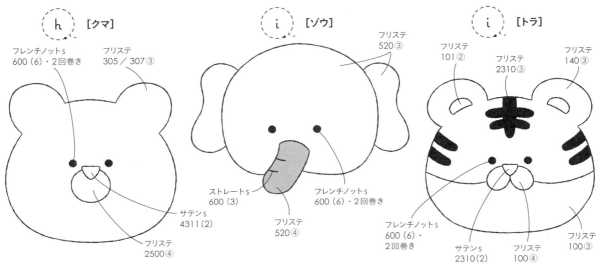

{ h 仕立て方 }

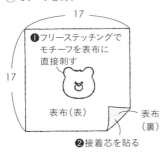
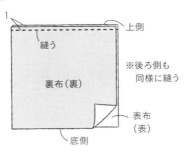
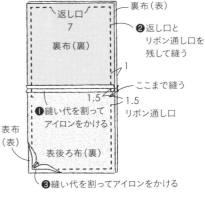
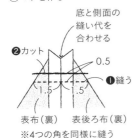

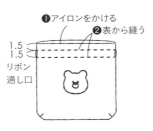

{ 仕立て方 }

[ファスナーポーチ]

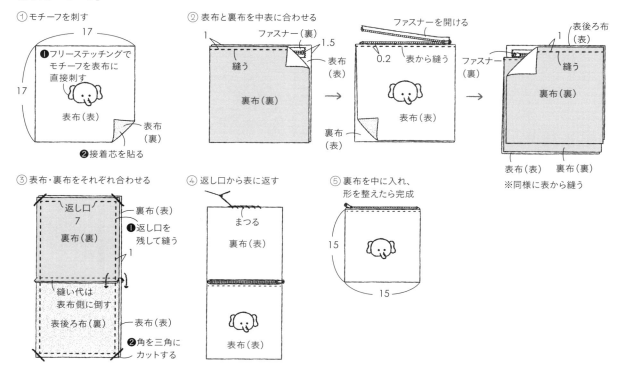

[バネ口ポーチ]

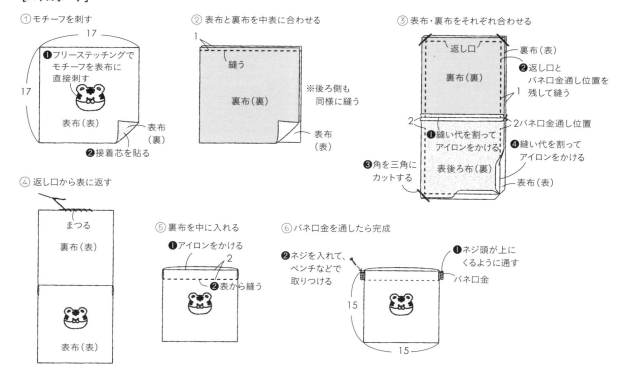

Ribbon pouch
リボンポーチ … P.32

{ 刺しゅう糸 }
ふわもこモール(ソリッド)
col.5、col.7

{ その他の材料 }
ハマナカ
あみあみファインネット
バネ口金(10cm) 1個

{ 仕立て方 }

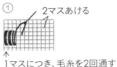

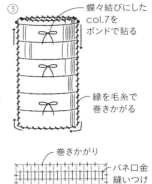

{ つくり方 }
① ネットを縦27マス×横12マスにカットしたものを2つつくる。
② 下から縦4マスずつ、1列につき2回ずつ、6段毛糸を通す。
③ 同じものを2つつくる。
④ バネ口金を通し、2つをつなげる。
⑤ 周囲を2枚一緒に毛糸で巻きかがる。
⑥ 作っておいたリボンを貼る。

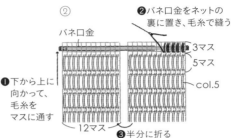

Heart pouch
ハートポーチ … P.33

{ 刺しゅう糸 }
ふわもこモール(ソリッド)
col.5、col.7

{ その他の材料 }
ハマナカ あみあみファインネット
ファスナー(14cm) 1個

{ つくり方 }
① 図のように、ネットをカットする。丸型は2つつくる。
② それぞれ1列ずつ、1列につき2回ずつ毛糸を通す。穴が開いた長方形は、ファスナーを入れ、先にファスナーをかがる。
③ 丸型の1つに、毛糸でハートをつくる。
④ 長方形同士の横(短い辺)の縁を毛糸でかがり、つなげる。
⑤ 毛糸で縁をかがり、丸型とつなげる。

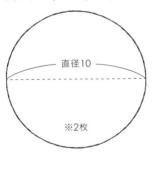

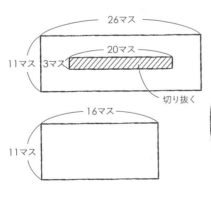

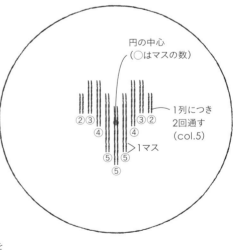

{ 仕立て方 }

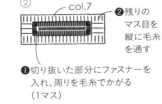

75

Pocket tissues case
ティッシュケース … P.34

{ 刺しゅう糸 }
COSMO25番刺しゅう糸
（車）214、700、2154、2500
（リボン）855、2154、2500

{ その他の材料（1点分）}
フェルト　15×15cm以上
布製のティッシュケース　1個

{ つくり方 }
① フェルトに図案を写す。
② フェルトに刺しゅうをする。
③ 輪郭から2〜3mm空けてフェルトをカットし、縁を巻きかがる。
④ ティッシュケースにモチーフを貼る。

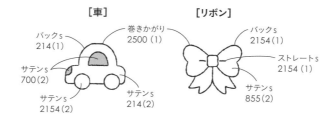

[車]
バックs 214(1)
巻きかがり 2500 (1)
サテンs 700(2)
サテンs 2154(2)
サテンs 214(2)

[リボン]
バックs 2154(1)
ストレートs 2154(1)
サテンs 855(2)

Patch pouch
ワッペンポーチ … P.35

{ 刺しゅう糸 }
COSMO25番刺しゅう糸
342、2500、4311

{ その他の材料（1点分）}
(m) 布　15×15cm以上
　　ポンポンブレード　25cm
(n) フェルト　15×15cm以上
（共通）布製のポーチ　1個

{ つくり方 }
(mのつくり方)
① 布に図案を写し、刺しゅうをする。
② 型紙に3mmの縫い代をつけて布をカットし、縫い代を裏に折り込みながら、ポンポンブレードを縫いつける。
③ ポーチにモチーフを貼り、周囲をかがって、縫いとめる（2500・1本どり）。
(nのつくり方)
① フェルトに図案を写す。
② フェルトに刺しゅうをする。
③ だ円の型紙に沿ってカットし、周囲を巻きかがる。
④ ポーチにモチーフを貼り、周囲をかがって、縫いとめる（342・1本どり）。

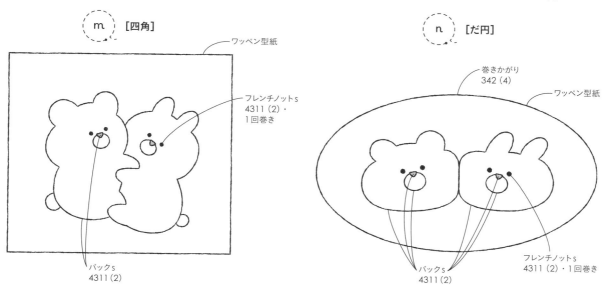

m [四角]
ワッペン型紙
フレンチノットs 4311(2)・1回巻き
バックs 4311(2)

n [だ円]
巻きかがり 342 (4)
ワッペン型紙
バックs 4311(2)
フレンチノットs 4311(2)・1回巻き

Misanga of flower
お花のミサンガ … P.36

{ 刺しゅう糸 }
COSMO25番刺しゅう糸
（花びら）2500 150cm
（花の中心）700 100cm
（ベース）116（緑）／281（紫）／
351（ピンク）／522（青）／
700（黄色）240cm
※どれか1色

{ つくり方 }

① テープで固定する

②

4の字になるように2本の
糸の下にくぐらせ、ひっぱる

③

逆4の字になるように置き、
2本の糸の下にくぐらせる

240 150 100
ベース 花びら 花の中心

④
❶②③を合計14回くり返す
❷①のテープを外し、編み目が外側にくるように再びテープで固定する

⑤花のつくり方

(1) 1 2 3 4 5 6　4の字2回（②）
(2) 1 2 3 4 5 6　4の字2回（②）
(3) 1 2 4 5 3 6　逆4の字2回（③）
(4) 1 4 2 5 3 6　4の字2回（②）
(5) 1 4 5 2 3 6　4の字1回、逆4の字1回（②→③）
(6) 1 4 5 2 3 6　逆4の字2回（③）
(7) 1 4 5 3 2 6　逆4の字1回、4の字1回（③→②）
(8) 1 4 3 5 2 6　4の字2回（②）
(9) 1 5 4 3 2 6　4の字2回（②）
(10) 1 5 3 4 2 6

⑥
❶4の字（②）、逆4の字（③）を合計6回くり返す
❷逆4の字（③）、4の字（②）を合計6回くり返す

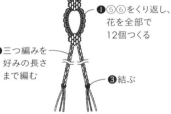

❶⑤⑥をくり返し、花を全部で12個つくる
❷三つ編みを好みの長さまで編む
❸結ぶ

Clear pouch
クリアポーチ … P.37

{ 刺しゅう糸 }
COSMO25番刺しゅう糸
（ソフトクリーム）100、4311
（アイスクリーム）100、214、220、342、
　　　　　　　　　700、4311

{ その他の材料（1点分）}
フェルト　15×15cm以上
茶色のフェルト　10×10cm以上
クリアポーチ　1個

{ つくり方 }　※P.44～46も併せてご参照ください。
① フェルトに図案を写す。
② 茶色のフェルトをコーンの形にカットし、白いフェルトに貼る。
　 ソフトクリームのコーン上部は、2枚重ねて貼る。
③ 刺しゅうをする。
④ 輪郭から2～3mm空けてフェルトをカットし、縁を巻きかがる。
⑤ クリアポーチに接着剤などでつける。

[ソフトクリーム]

バックS 100(2)
スミルナS 100(4)
フェルト茶色 2枚
ストレートS 4311(2)
巻きかがり 100(4)
フェルト茶色 1枚

[アイスクリーム]

ストレートS 342／214／700(2)
バックS 220(2)
スミルナS 220(4)
巻きかがり 100(4)
フェルト茶色 1枚
ストレートS 4311(2)

77

Wall decoration of Helloween
ハロウィンの壁飾り … P.38

{ 刺しゅう糸 }
COSMO25番刺しゅう糸
- ㋐（魔法使いのイヌ）110、307、600、2500、4311
- ㋑（おばけのクマ）172A、307、600、2500、4311
- ㋒（おばけ）144A、600、855、2500
- ㋓（フランケンウサギ）101、142、342、600、2154、2500
- ㋔（ジャック・オ・ランタン）318、600、681、700、2500

{ その他の材料（1点分）}
フェルト 15×15cm以上
色つきフェルト（黒／グレー／オレンジ／紫／白）
10×10cm以上

{ つくり方 } ※刺しゅうするモチーフのみ、つくり方を紹介します。
① フェルトに図案を写す。
② 色つきのフェルトに図案を写してカットし、①に貼る。
③ 刺しゅうをする。縁がバックSのモチーフは、その部分だけ縁を2〜3mm残してカットし、縁を巻きかがる。フェルトやサテンSの部分は、モチーフに沿ってカットする。

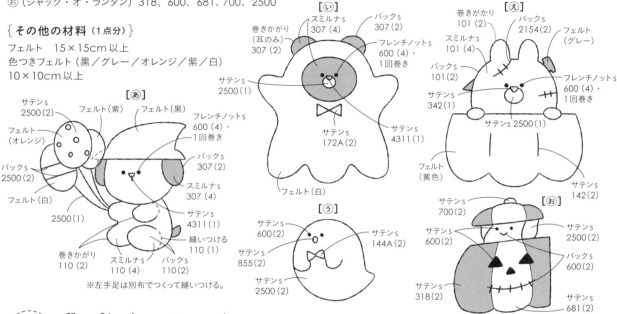

New Year's greeting card
年賀状 … P.39

{ 刺しゅう糸 }
COSMO25番刺しゅう糸
- （イヌ）110、307、600、854、2500、4311
- （クマ）116、307、600、2500、4311
- （ウサギ）110、342、600、700、2500

{ その他の材料（1点分）}
フェルト 15×15cm以上
色つきフェルト
（白／オレンジ／赤／水色）
10×10cm以上
画用紙 10cm×14.8cm

{ つくり方 } ※刺しゅうするモチーフのみ、つくり方を紹介します。
① フェルトに図案を写す。
② 色つきフェルトに図案を写して、カットし、①に貼る。
③ 刺しゅうをし、輪郭から2〜3mm空けて、フェルトをカットする。
④ 縁を巻きかがり、両面テープなどで、画用紙にモチーフを貼る。

dog・cat Keyholder
イヌ・ネコのキーホルダー … P.40〜41

※フリーステッチングの図案のため、左右反転して掲載しています。

{ 刺しゅう糸 }

COSMO25番刺しゅう糸
（プードル）306、600、2307、4311
（コーギー）110、306、600、4311
（ポメラニアン）110、151、600
（三毛猫）100、101、151、152A、307、351、600
（ペルシャ猫）100、101、151、351、522、2154
（黒猫）101、351、600、700、713、2154

{ その他の材料（1点分）}

布　20×20cm以上
フェルト　15×15cm以上
リボン　5cm
キーホルダー金具　1個

{ つくり方 }　※P.47〜48も併せてご参照ください。

① 布に図案を写し、フリーステッチングで刺す。
② モチーフから1cm空けて、布をカットする。
③ のり代に細かく切り込みを入れ、裏面に折り込み、ボンドでとめる。
④ モチーフの裏に二つ折りにしたリボンを貼り、モチーフの裏面全体にボンドを塗る。
⑤ フェルトに貼りつけ、乾燥させた後、モチーフの形に合わせてフェルトをカットする。
⑥ キーホルダー金具をリボンに通す。

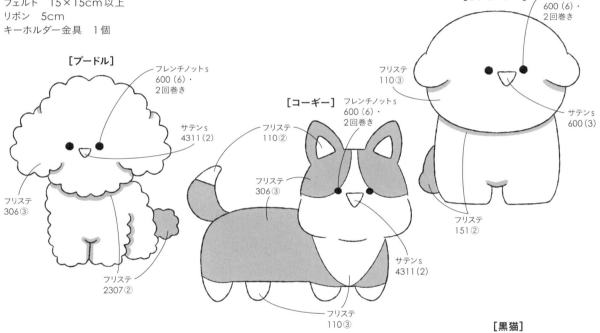

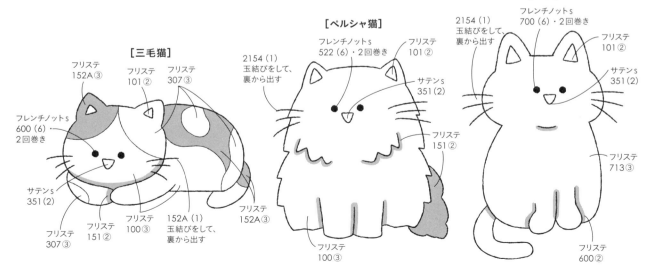

79

oniso（オニソ）

2019年より刺しゅうを始める。
ハンドメイドを中心に活動するクリエイターで、
InstagramやYouTubeを通じて作品や制作
過程を発信。
主に手づくりのアクセサリーや雑貨、刺しゅう
キットなどを制作・販売している。
Instagram・YouTube ／ @___oniso

STAFF

ブックデザイン　　小澤都子（レンデデザイン）
撮影　　　　　　　白井由香里
スタイリング　　　鈴木亜希子
トレース・イラスト　小池百合穂
編集　　　　　　　安藤沙帆（株式会社ナイスク）
編集デスク　　　　西津美緒

用具提供

クロバー株式会社
https://clover.co.jp/
☎ 06-6978-2277（お客様係）

素材協力

ごしょう産業株式会社
https://www.gosyo.co.jp/
※なないろ彩色（中細）（P.66）、なないろ彩色（P.66）、
ふわもこモール（ソリッド）（P.75）は、2025年2月
中旬書籍発売時点で、セリア様お取り扱い商品となっ
ておりますが、購入時期、商品により、お取り扱いが
終了している場合もございます。

撮影協力

UTUWA
☎ 03-6447-0070

いつでも一緒
ふわもこ手芸部

発行日／2025年3月21日
著者／oniso
発行人／瀬戸信昭
編集人／佐伯瑞代
発行所／株式会社 日本ヴォーグ社
〒164-8705　東京都中野区弥生町5-6-11
Tel.03-3383-0634（編集）
出版受注センター　Tel.03-3383-0650／Fax.03-3383-0680
印刷所／株式会社シナノ

Printed in Japan
©oniso2025
ISBN978-4-529-06464-4

万一、乱丁本・落丁本がありましたら、お取り替えいたします。お買い求めの
書店か、小社出版受注センター（Tel.03-3383-0650）へご連絡ください。

JCOPY〈出版者著作権管理機構　委託出版物〉
本書（誌）の無断複写は著作権法上での例外を除き禁じられています。複製さ
れる場合は、そのつど事前に、出版者著作権管理機構（電話03-5244-5088、
FAX03-5244-5089、E-mail：info@jcopy.or.jp）の許諾を得てください。

手づくりに関する情報を発信中
日本ヴォーグ社 公式サイト

ショッピングを楽しむ
手づくりタウン

ハンドメイドのオンラインレッスン
 CRAFTING

初回送料無料のお得なクーポンが使えます！詳しくはWebへ

手づくり専門カルチャースクール
ヴォーグ学園

日本ヴォーグ社の通信講座
手芸の学校

あなたに感謝しております　We are grateful.

手作りの大好きなあなたが、この本をお選びくださいましてありがとうございます。内容はいかがでしたでしょうか？本書が少しでもお役に立てば、こんなにうれしいことは
ありません。日本ヴォーグ社では、手作りを愛する方とのおつき合いを大切にし、ご要望にお応えする商品、サービスの実現を常に目標としています。小社および出版物
について、何かお気づきの点やご意見がございましたら、何なりとお申し出ください。そういうあなたに、私共は常に感謝しております。
株式会社日本ヴォーグ社社長　瀬戸信昭　FAX03-3383-0602